AF308724

Note
sur la Contribution Foncière

Février 1855.

Sommaire.

Exposé.

L'impôt foncier est le plus considérable comme le plus assuré de tous les impôts français. Subside fidèle et régulier des temps calmes, il est également la ressource des momenta difficiles. Alors que le crédit se resserre ou fait payer chèrement son assistance, alors que le produit de l'impôt indirect diminue, l'impôt foncier apporte toujours, et à échéance fixe, un contingent déterminé dans les caisses de l'État. A ce titre, il a droit à toutes les sollicitudes du Pouvoir parceque chaque souffrance épargnée est une ressource économisée pour les besoins futurs, et il est d'une sage politique d'agir sur lui, moins en vue du présent qu'en vue de l'avenir.

Les impôts ont le caractère des pays et des lieux : ils sont établis, en général, là où la richesse se montre. Ainsi, en France, pays qui est à la fois agricole, industriel et commerçant on voit se former une combinaison des impôts directs et indirects, et l'une des plus équitables qui existent dans le monde : seulement, l'impôt indirect ne prospère que pendant la paix, tandis que l'impôt direct se prête aux sacrifices de la guerre.

Dans la situation présente des choses, il n'est pas téméraire de penser qu'un long espace de temps ne s'écoulera pas sans que le Gouvernement ne soit amené à faire appel à l'impôt foncier : les produits de l'impôt indirect sont incertains, et c'est l'impôt direct qui sera forcément appelé à subvenir aux éventualités de l'avenir. Dans cette prévision, et je crois en agissant ainsi répondre aux vues du Ministre, — il me paraît que c'est un devoir de ma fonction que de prendre l'initiative, en appelant l'attention de Son Excellence sur la situation de l'impôt foncier, sur ses nécessités présentes, sur son avenir : ajourner l'étude que je soumets aujourd'hui au Ministre jusqu'au moment où la nécessité aura parlé, c'est exposer plus tard le Gouvernement à recourir à un expédient, plutôt qu'à une mesure, c'est peut-être se ménager des difficultés considérables qui pourraient être conjurées. Pour ma part, et je ne sais si l'intérêt porté aux choses qui font l'application de ma vie obscurcit mon jugement, je ne connais pas de sujet plus digne des méditations de l'Administrateur que de préparer l'avenir.

Tel sera donc l'objet de la présente Note, au point de vue de l'impôt foncier : Je dirai l'historique de cet impôt, l'état actuel de sa répartition, la nature de ses besoins et les dispositions qu'il me paraîtrait utile de prendre pour le mettre en mesure de se prêter aux éventualités ultérieures. J'aurais voulu être court, mais une complication, celle du travail de l'évaluation des revenus territoriaux, travail ordonné législativement en 1851, m'obligera à d'assez longs développements : je ferai toutefois des efforts pour me restreindre afin de n'offrir au Ministre qu'un tableau précis de la situation, et qu'un exposé sommaire des vues que je soumets à son appréciation.

Historique de l'Impôt Foncier.

La Contribution Foncière a été établie par la loi du 1er Décembre 1790. Elle fut moins une taxe nouvelle qu'une transformation des anciens impôts qui frappaient la propriété sous les noms de _tailles_ et de _vingtièmes_.

Le principal de la Contribution foncière fut fixé, dans l'origine à ———— 240,000,000.ᶠ

auxquels on ajouta Cinq sols par livre additionnels, ci ———— 60,000,000.ᶠ

Total ———— 300,000,000.ᶠ

En égard à la dépréciation de l'argent depuis 60 ans, on peut dire que 300 millions en 1790 représenteraient aujourd'hui une somme presque double. (En 1855, le principal de l'impôt foncier est de 161 millions; avec les centimes additionnels, le produit total de l'impôt s'élève à 260 millions).

Les statistiques contemporaines évaluant le revenu de la France en 1790, à environ 13 ou 1400 millions, on voit qu'au moment de sa création, et pris dans son ensemble, l'impôt foncier représentait à peu près,

En principal ———— 18 p% du revenu.

et avec les Centimes additionnels ———— 22 p% id.

La répartition du montant total de l'impôt entre

les Départements ne put se faire que par voie arbitraire. L'Assemblée Constituante, privée de bases fixes sur les forces contributives de la France, ne connaissait alors ni l'étendue superficielle des Départements, ni le nombre des maisons, ni les proportions dans lesquelles chaque nature de culture, terres, prés, vignes, bois &c entrait dans la totalité du territoire, ni les produits, ni les revenus de chacune de ces natures de cultures.

Néanmoins, comme il importait de choisir une base d'assiette, quelle qu'elle fût, le Comité des Finances de l'Assemblée Constituante fit, avec les moyens imparfaits dont il disposait, le relevé de la part d'impôts de toute nature payée par chaque localité, et ce tableau qui semblait représenter l'aperçu des facultés de chaque localité étant formé, la répartition du principal de l'impôt foncier fut préparée au marc la livre des anciennes impositions.

Présenté par le Duc de la Rochefoucauld à l'Assemblée Constituante, le projet fut adopté par acclamation. La discussion fut néanmoins sur le point de s'ouvrir ; plusieurs membres avaient demandé la parole ; mais l'Assemblée sentit que des mesures de cette nature échappent aux contradictions de détail, et qu'elle se jetterait dans des difficultés inextricables si elle discutait les détails du projet, et écoutait des intérêts de localité ; elle se leva spontanément toute entière, et le projet fut adopté de confiance.

Telle est l'origine de la première répartition départementale de l'impôt foncier en France. On voit que le hasard y eut autant de part que le raisonnement et le calcul.

Cette répartition primitive des Contingens, faite d'une façon plus arbitraire que certaine, sans donnée sur la force contributive des Départements, ni sur la relation de leurs revenus respectifs, souleva de nombreuses réclamations que la justice commanda plus d'une fois d'accueillir: Depuis 1790, jusques et y compris 1821, c'est à dire pendant une période d'un tiers de siècle, le taux de l'impôt subit Dix modifications successives; Ces modifications procédèrent toujours et exclusivement par voie de Dégrèvemens, et l'esprit et la combinaison De ces Dégrèvemens ont continuellement tendu à se rapprocher de la proportionnalité, c'est-à-dire à établir une relation proportionnelle et semblable entre le taux de l'impôt et celui du revenu dans les différents Départemens.

La répartition de 1821, la dernière opération de cette nature qui ait été exécutée, reposait sur un travail d'évaluation qui lui-même n'avait pour base que des inductions spécieuses et Dépourvues de certitude. Néanmoins, elle devint la règle depuis cette époque, et la répartition actuelle de l'impôt entre les Départemens est identiquement la même que celle De 1821. Les Contingens, primitivement fixés à 240 millions en principal, étaient Descendus à 154 millions en suivant une progression Décroissante dont le tableau ci-après donne la mesure.

Principal de l'impôt Foncier de la France actuelle, c'est-à-dire des 86 Départemens qui composent en 1855, le territoire de l'Empire.

1791	240	Millions.
1797	218	id.
1798	207	id.
1799	189	id.
1801	184	id.
1802	183	id.
1804	174	id.
1805	172	id.
1809	168	id.
1821	154	id.

Le

Le principal actuel est bien de 161 millions, mais l'augmentation de 6 à 7 millions constatée depuis 1821, tient uniquement à cette circonstance que depuis 1835 les constructions nouvelles sont imposées séparément et accroissent aux Contingens. Mais la répartition actuelle entre les Départemens, et c'est un fait qui mérite d'être conservé, remonte à 1821.

Si les Contingens Départementaux n'ont pas varié depuis cette époque, sauf en ce qui concerne les modifications insignifiantes résultant des constructions nouvelles, on ne saurait en induire que l'impôt soit resté absolument stationnaire. Les Contingens Départementaux n'ont plus varié, il est vrai, mais les Conseils généraux, investis du droit souverain de la sous-répartition Départementale, c'est-à-dire de celle qui s'opère entre les Arrondissemens et les Communes, ont toujours cherché à se rapprocher d'un but qui semble inaccessible, c'est-à-dire de la péréquation. Circonscrits dans le cercle d'un contingent déterminé, ce n'est plus par la voie du dégrèvement qu'il leur était permis de procéder, et ils ont agi sur les bases même de la répartition, en déplaçant l'impôt, et en reportant la charge des points surtaxés sur ceux qui paraissaient ménagés. Depuis 1821, 65 départemens, à la suite de travaux coûteux, entrepris à leurs frais, ont modifié leur sous-répartition par arrondissement, et quelques uns d'entre eux l'ont modifiée plusieurs fois. On ne sait pas le nombre des Communes dont les Contingens ont varié jusqu'à ce jour, mais le nombre en est considérable ; tous les ans, les Conseils généraux prononcent sur des réclamations de cette nature, instruites par les agens des Contributions directes, et la loi du 18 Juillet 1837, en donnant aux communes le droit de réclamer contre la fixation de leurs contingens, a imposé aux Conseils généraux l'obligation de juger ces réclamations.

Mais en laissant de côté pour un instant les détails de la répartition, il est un fait qui domine toutes les études dont la Contribution foncière peut être l'objet, fait peu connu, et qu'on ne saurait assez répéter, c'est qu'en 1790, l'impôt foncier prélevait sur le pays 300 millions, qu'en 1802, il en prélevait 241, et qu'aujourd'hui, avec toutes ses applications, principal, centimes départementaux, communaux, fonds de secours, non-valeurs, &c, il perçoit en tout 260 millions. Le montant de l'impôt s'est donc accru, en cinquante ans, c'est-à-dire depuis 1802 jusqu'à nos jours, de 19 à 20 millions, ou de 8 p/%, et si, comme il n'est pas déraisonnable de le supposer, comme tous les Documents statistiques tendent à le prouver, le revenu territorial a au moins doublé depuis cette époque, on doit reconnaître que l'impôt foncier, relativement au revenu net, a toujours tendu à diminuer depuis sa création, et qu'il est aujourd'hui infiniment moins lourd qu'en 1802, et à plus forte raison qu'en 1790.

Ceci posé, et les chiffres qui viennent d'être cités sont incontestables, on est amené à se demander avec surprise quels sont les motifs des nombreuses et incessantes réclamations soulevées contre l'impôt foncier, réclamations qui ont fait retentir la Tribune, la presse et tous les organes de l'opinion publique, et dont la vivacité mérite d'être prise en considération.

Or, pour quiconque regarde et écoute, l'expérience de tous les jours apprend que les plaintes dont l'impôt foncier est l'objet portent moins sur le poids en lui-même de la charge que sur l'inégalité de sa répartition. L'impôt foncier, par la loi même de sa fixité qui le fait porter sur une matière aussi variable que le revenu territorial, affecte différemment chacun des fonds de terre auxquels il s'applique, et c'est une infirmité de la nature humaine que de trouver plus pénible une charge dont un autre est exempté.

Pour expliquer cette inégalité d'attribution, il convient de dire un mot de la base d'assiette qui sert à la répartition de l'impôt foncier, c'est-à-dire du cadastre. On sait que le Cadastre est un registre descriptif des terres et des propriétés bâties; trois éléments servent à composer ce registre, savoir, la description graphique du sol, la classification des propriétés, l'estimation de leur revenu. Le Cadastre a donc divisé les terres par natures de cultures, terres arables, prés, bois vignes, &c.; il a attribué à chaque nature de culture un revenu fixe et invariable, et il embrasse toute la superficie du sol imposable. Il a, par conséquent, déterminé que chaque commune contenait une certaine quantité de terres de chaque nature, et attribuant aux différentes contenances le revenu attribué aux différentes natures, il a donné le revenu cadastral de chaque commune. Ces bases, une fois arrêtées, ne varient plus; quelles que soient les modifications que le travail humain ou les circonstances extérieures amènent, l'évaluation cadastrale est inflexible, elle reste immobile comme le sol sur lequel elle est assise, et c'est elle qui sert à déterminer la répartition proportionnelle de l'impôt par le rapport mathématique existant entre le contingent communal et le revenu cadastral de la même commune. L'impôt étant d'ailleurs établi par voie de répartition, et non par voie de quotité, il importe peu que la base sur laquelle il repose soit fictive ou sincère; ce qu'il importe d'obtenir, c'est que la relation des estimations parcellaires, — communales, — départementales — soit relativement proportionnelle. En un mot, l'assiette de l'impôt n'a demandé au cadastre qu'une fiction quant à la valeur réelle des terres, à la condition que cette fiction soit exactement proportionnelle par commune.

Mais on a vu d'autre part que la fixation cadastrale reste invariable et que, par conséquent, le revenu attribué à chaque parcelle ne varie plus quelles que soient d'ailleurs les modifications successives que cette parcelle vienne à subir. Or, l'impôt qui est solidaire du revenu cadastral, continue toujours à être appliqué en vertu de cette base élémentaire, et sans tenir compte des faits réels qui se sont postérieurement produits. Ainsi, tel fonds classé avec raison, lors de l'établissement du Cadastre, parmi les terres de première classe continuera à être taxé sur le pied des terres de première classe, bien qu'il soit devenu improductif et stérile, tandis qu'un autre fonds, classé par le Cadastre comme terre vaine et vague, et transformé plus tard en terre arable de grand rapport, n'apportera à l'impôt que le tribut prélevé sur les terres de qualité inférieure.

Cette fixité cadastrale, précieuse au point de vue de l'invariabilité de l'impôt et de la sécurité des transactions sociales, n'en présente pas moins l'inconvénient sérieux qu'au bout d'un certain nombre d'années, (et dans beaucoup de Communes le Cadastre remonte à 20, 30 et 40 ans), le mouvement général de la production, la main de l'homme ou les circonstances accidentelles, ont complètement changé ce qui pouvait être vrai à l'époque du Cadastre. C'est alors que sont apparues ces inégalités choquantes qui frappent les populations, inégalités qui vont en s'augmentant à mesure qu'on s'éloigne de l'établissement du Cadastre, et qui font que l'esprit public s'étonne de voir un champ stérile souvent plus imposé que la riche culture dont il est limitrophe. L'intérêt froissé ne raisonne pas, et ne veut pas se souvenir que, lors de la transmission de propriété qui a amené dans sa main, le champ qui lui paraît surtaxé, la valeur de l'impôt a constitué comme l'une des charges de la production, et que le champ n'est arrivé jusqu'à lui qu'amoindri en quelque sorte du prélèvement annuel que l'impôt exigeait de lui.

Quoiqu'il en soit de la justice des plaintes qui accusent l'impôt foncier, il est constant que ces plaintes portent moins sur le poids de l'impôt que sur le vice de sa répartition, et que c'est à corriger les vices de cette répartition que les efforts de l'Administration doivent tendre aujourd'hui.

La répartition individuelle ayant pour base le cadastre, est-ce à dire qu'il conviendrait de refaire le cadastre ? Pour moi, je ne le pense pas. Le Cadastre des 86 Départemens de l'Empire est une opération qui durerait 30 ans, qui coûterait 150 millions, c'est à dire 5 millions par an, plus une somme à peu près égale pour son entretien annuel, et la situation des finances publiques ne se prête pas à une dépense nouvelle de 8 à 10 millions par an. En outre, la confection du Cadastre est une opération délicate qui touche à des questions de propriété de toutes sortes, et qui exige des populations un calme et une sécurité d'esprit que les révolutions passées ne leur ont pas encore rendu. Par ces motifs qu'il n'est pas nécessaire de développer davantage, il semble qu'il n'y ait pas à songer, du moins quant à présent, à entreprendre de nouveaux travaux de Cadastre au point de vue de la répartition individuelle de l'impôt foncier.

Mais à côté de la répartition individuelle, et au dessous de celle-ci, il est un degré supérieur de répartition qui présente les mêmes inégalités, les mêmes anomalies, et qu'il ne serait pas impossible de modifier pour donner satisfaction à une partie des réclamations qui se font entendre, et dans ce qu'elles ont de fondé, je veux parler de la répartition Départementale. Celle-ci est indépendante du Cadastre; elle repose sur d'autres bases; elle a été arrêtée à une époque où le Cadastre n'était pas terminé; et elle n'exige d'autres élémens que la connaissance des forces contributives des Départemens. Si donc, on a pu arriver à la connaissance de ces forces contributives, il est évident que l'Administration aura sous sa main des élémens précis d'appréciation pour déterminer la proportion des inégalités départementales, et pour préparer un système de répartition plus conforme à la vérité des faits.

Dans cet ordre d'idées, je vais mettre sous les yeux du Ministre l'analyse des travaux exécutés pour constater le revenu territorial de la France; le résumé de ces travaux présentera à Son Excellence l'état présent de la répartition.

État actuel de la Répartition Foncière.

———

Le Ministre n'a pas oublié qu'en 1851, le Gouvernement proposa de réduire de 27 millions l'impôt foncier, c'est-à-dire de supprimer 17 ⁄ additionnels qui grevaient la propriété. Une partie de l'Assemblée Nationale demandait à cette époque que la perte que le Trésor consentait à supporter fut consacrée à niveler les Contingens de l'impôt foncier au moyen du dégrèvement des Départemens surchargés. Cette demande ne fut pas accueillie, mais l'Assemblée vota spontanément l'article suivant qui fut inséré dans la loi du Budget du 7 Août 1850 :

« ...... Aussitôt après la promulgation de la présente loi,
« le Gouvernement prendra les mesures nécessaires pour
« qu'il soit procédé, dans un bref délai, à une évaluation
« nouvelle des revenus territoriaux. »

Le vote de cet article, né de l'initiative parlementaire, imposait au Gouvernement l'obligation de faire une enquête sur la fortune foncière du pays. C'est contre le vice de la répartition de l'impôt que l'enquête était dirigée, c'est en vue d'une meilleure répartition que l'injonction était faite, c'étaient enfin les réclamations des Départemens qui venaient collectivement se produire sous la forme d'un vote du Pouvoir législatif.

A-t-on fait un acte prudent en ordonnant, ou en laissant ordonner, un travail qui devait soulever des prétentions, exciter des espérances, provoquer des réclamations, sans qu'on fut en mesure d'écouter les réclamations, de réaliser les espérances et de satisfaire les prétentions ? Je ne le pense pas, et j'aurais mieux aimé, au point de vue de l'impôt, qu'on ajournât le dégrèvement, et qu'on réservât les 27 millions pour en disposer après le travail accompli : On aurait pu alors en tirer un magnifique parti. Au point de vue politique, au point de vue de la popularité du Souverain, le Dégrèvement a porté des fruits utiles ; mais alors, c'était chose regrettable et peut-être téméraire, que de laisser entreprendre un travail qui avait pour objet de mettre en lumière des vices que personne n'ignorait, et dont la constatation ne devait pas être accompagnée du remède.

Quoiqu'il en soit, le travail est terminé, et comme il est appelé à servir de base à toute la discussion qui va suivre, je suis obligé d'entrer dans d'assez grands développements à son sujet, pour fixer le Ministre sur le degré de confiance qu'il méritera d'inspirer.

Conformément aux instructions de l'administration, instructions concertées avec une Commission formée de membres du Conseil d'État et de fonctionnaires supérieurs de l'Administration, les agents des Contributions Directes se sont rendus dans chacune des 36,000 communes de France, ils ont interrogé les pièces cadastrales, les Maires, les Notaires, les propriétaires et les cultivateurs les plus éclairés, sur les produits du sol, sur les frais de culture, et sur la valeur des diverses espèces de biens fonds ; ils ont vérifié, au vu du terrain, les renseignements recueillis par eux, et ils sont arrivés ainsi, et pour chaque commune, à déterminer directement, par nature de culture, le produit net de la propriété. Les Inspecteurs des Contributions Directes surveillaient le travail individuel des Contrôleurs, et les Directeurs suivaient et régularisaient la marche de l'opération. Par une correspondance incessante qui a duré deux ans et demi, c'est-à-dire aussi longtemps que l'exécution même du travail, l'Administration Supérieure imprimait le mouvement, fixait les méthodes qu'il convenait de suivre, tranchait les difficultés ou les hésitations et donnait le caractère de l'unité à l'ensemble du travail. Enfin, l'Inspection générale des Finances, pénétrée des vues de l'Administration qu'elle avait puisées dans des instructions spéciales, ou dans des conversations, entretenait parmi les Chefs de Service des Départemens l'homogénéité d'esprit et de Doctrine qui devait assurer aux résultats de l'opération un caractère partout égal et uniforme.

En même temps que l'Administration agissait ainsi, par ses Délégués, directement sur la propriété, elle relevait, dans les bureaux de l'Enregistrement, un million d'actes de vente, baux &ᶜ, et l'ensemble des ventilations ainsi constatées, ventilations qui embrassent près du quart du territoire, (plus de 10 millions d'hectares en Superficie et plus de 377,000 propriétés bâties), servait de contrôle à l'évaluation directe.

Le travail est donc terminé aujourd'hui et présente pour chaque commune, arrondissement, Département et pour l'ensemble de l'Empire (la Corse excepté) le revenu territorial net des propriétés bâties et des propriétés non bâties. Il offre donc, par nature de propriété, et avec plus d'exactitude que l'on n'a pu jusqu'ici en obtenir dans aucune opération de l'espèce, le tableau fidèle de la fortune territoriale du pays.

Pourrait-on néanmoins démontrer mathématiquement la sincérité et l'exactitude du travail ? — Évidemment non, attendu qu'en pareille matière la preuve chiffrée n'existe pas. — Toutefois, les inductions à tirer du travail sont de nature à satisfaire les esprits éclairés et à entraîner leur conviction. A défaut de preuve, je dois mettre quelques unes de ces inductions sous les yeux de Son Excellence.

En premier lieu, la comparaison des résultats de l'évaluation directe faite sur le terrain, rapprochée des relevés pris dans les bureaux de l'Enregistrement, fait ressortir un revenu plus élevé pour les propriétés soumises à la formalité que pour celles qui en ont été affranchies. La différence existant entre les deux chiffres de revenu représente évidemment la dissimulation moyenne des déclarations sur le capital, faites pour servir de base aux perceptions de l'Enregistrement, dissimulation qui, dans le travail en question, serait formulée par la proportion de 18 p%. Si le contraire se fut produit, c'est-à-dire si le revenu constaté par l'évaluation directe eut été supérieur à celui constaté par les actes de l'Enregistrement, la sincérité du travail était douteuse, et il était frappé de caducité, tandis que le contraire se produisant, constitue, non une preuve, mais une présomption d'exactitude.

En outre, personne n'ignore que la propriété en nature de bois se plaint avec vivacité d'être surtaxée dans la répartition foncière. Le motif en est simple; les bois sont, en général, dans les mains de grands propriétaires représentés habituellement par des régisseurs ou des fermiers; les évaluations cadastrales ont été faites par des estimateurs choisis dans les localités, propriétaires et cultivateurs eux-mêmes, et qui ont dû manifestement céder à la tendance d'attribuer un revenu cadastral plus élevé aux bois, dont les intérêts étaient moins immédiatement défendus lors des estimations qui devaient servir à la répartition ultérieure de l'impôt. Or, et dans le travail qui vient d'être achevé, c'est la nature de culture bois qui paie la proportion d'impôt la plus élevée relativement à son revenu.

La vigne, au contraire, présente une induction en sens inverse. On voit le développement que la culture de la vigne a pris depuis trente ans; la consommation du vin a augmenté, l'exportation a suivi la même progression ascendante, et il n'est douteux pour personne que le revenu des vignes ne se soit notablement amélioré. Or, l'impôt de la vigne étant resté stationnaire depuis de longues années, il en résulte qu'il a dû décroître dans sa proportion, à mesure que le revenu net augmentait, et on voit dans le travail d'évaluation territoriale que c'est la nature de culture Vignes qui paie proportionnellement la part d'impôt la plus infime. Par conséquent, les résultats du travail, résultats non connus d'avance, non préparés et qui n'ont été révélés que lorsque la dernière assise du monument a été posée, c'est-à-dire lorsque la dernière addition a été faite, concordent avec ce que l'opinion publique savait, et avec ce qu'il était logique de supposer. Ici encore, l'induction est toute en faveur de la sincérité du travail.

Ces inductions pourraient être multipliées à l'infini, et si le Ministre voulait entrer dans l'examen détaillé du travail, il aurait à apprécier un grand nombre de faits de même nature qui détermineraient sa conviction : pour aujourd'hui, je me borne à une dernière considération qui est aussi un fait, c'est que depuis près de trois ans, vivement préoccupé d'un travail dont j'appréciais l'importance, je n'ai pas vu un Préfet, un membre des Conseils généraux, un grand propriétaire, sans leur demander quelle était la vérité dans les faits à leur connaissance personnelle, et sans provoquer l'expression de leur sentiment au sujet des résultats recueillis par l'Administration. Toutes les personnes interrogées ont paru frappées de la justesse des appréciations consignées ; quelques-unes d'entre elles ont fait quelques observations sans importance, et de l'ensemble des indications tant officielles qu'officieuses que j'ai recueillies, je crois être en mesure d'affirmer au Ministre que si le travail que l'Administration lui présente aujourd'hui n'est pas l'expression absolue de la vérité, impossible à rencontrer en pareille matière, il en est au moins l'expression la plus rapprochée qu'il soit possible d'obtenir, et qu'à ce titre, il mérite de servir de base aux résolutions ultérieures du Gouvernement.

On voit donc dans quelles conditions le travail a été exécuté et terminé. Ordonné par le Pouvoir législatif, exécuté par 1,200 agens, discuté avec 36,000 Maires, il n'était pas possible qu'il fut tenu secret. Le Sénat s'en est occupé à l'occasion d'une pétition qui demandait la péréquation de l'impôt ; le Corps législatif a interpellé le Gouvernement à son sujet ; et le Conseil d'État s'en est plus d'une fois informé avec intérêt. Indépendamment des grands Corps de l'État, les Conseils Répartiteurs s'en sont émus. Dans leurs dernières sessions, 45 Conseils généraux ont émis 71 Vœux à son sujet ; quelques-uns s'en sont occupés deux fois, d'autres trois fois. La plupart d'entre eux demandent instamment la communication du travail de l'Administration, les uns pour arriver à une plus équitable répartition de charges entre les Départemens, les autres pour y trouver les élémens d'une répartition meilleure entre les Communes : un d'entre eux, celui de la Mayenne, a même déjà appliqué les résultats qui lui avaient été indûment mis sous les yeux. Un certain nombre ont ajourné l'application de travaux particuliers de sous-répartition entrepris à grands frais ou — chose plus grave, — ont refusé de rendre des Décisions sur des réclamations de commune contre la fixation de leurs contingens. (Le Conseil général d'Eure et Loir a ajourné le jugement de 40 réclamations de cette nature.) Plusieurs Préfets ont adressé au Ministre ou à l'Administration des demandes de communication ; Des Directeurs de l'Enregistrement ont fait des demandes semblables pour se procurer des renseignements sur la valeur des terres, et enfin, dans le courant de l'année dernière, le Ministre du Commerce a réclamé de l'Administration des finances, certains Documens contenus dans ce travail au sujet du mouvement des cultures dans différents Départements, et au sujet de la valeur et du revenu de certains biens fonds. Bref, il est incontestable que le travail a acquis une notoriété qui résulte de son exécution. Les nombreuses préoccupations dont il est l'objet témoignent du prix que l'opinion y attache, et de l'impatience des intérêts qui le réclament. On doit ajouter que l'Administration supérieure cherchait plutôt à éteindre qu'à exciter le bruit qui se faisait autour de l'enquête entreprise, et qu'elle gardait une grande réserve de langage au sujet d'un travail dont elle sentait la gravité.

Le résultat du travail met en lumière les trois faits suivants :

La proportion moyenne de l'impôt foncier, en principal, est pour tous les Départemens, de 6. 06 p% ;

Le Département le plus maltraité est Tarn et Garonne qui paye 9. 07. p% ;

Le Département le plus ménagé est l'Ardèche qui ne paye que 3. 74. p% ;

Les autres Départemens s'échelonnent par des degrés différens entre les deux termes extrêmes de 9. 07 et de 3. 74.

Tout l'intérêt, comme tout le danger du travail repose sur ces deux chiffres : l'écart varie de 3 à 9, c'est-à-dire de 3 au dessus et de 3 au dessous de la moyenne.

J'ai dit le danger du travail, et c'est en effet, un véritable danger que d'avoir déterminé la formule d'un vice de répartition dont l'opinion publique avait la certitude, mais dont elle ne connaissait pas l'étendue.

L'inégalité que le travail actuel fait ressortir, n'accuse pas la justice des Gouvernemens ni la sincérité des travaux antérieurs qui ont présidé à la répartition; elle procède, non de l'erreur ou de la volonté humaine, mais de la force des choses, ou du mouvement économique du pays. L'impôt de chaque fonds de terre restant stationnaire dans sa quotité, il est bien certain que, là où le produit de la terre s'améliore, la proportion de l'impôt tend à s'abaisser. Or, en jetant les yeux sur la Carte teintée jointe au présent mémoire, on reconnait que certains Départemens du Centre, que leur position a tenu en dehors du mouvement général des affaires, qui n'ont été traversés ni par des routes, ni par des canaux, ni par des chemins de fer, restent les plus chargés, tandis que les Départemens du Nord et de l'Est, favorisés par des capitaux plus abondans, par l'esprit plus industrieux de leurs habitans, par des circonstances plus favorables ont vu leur produit territorial s'accroître, et par conséquent, la proportion de leur impôt s'abaisser d'autant. La loi de cette modification se manifeste clairement dans les Deux Départemens les plus ménagés, l'Ardèche et Vaucluse. Peut-être, en 1821, ces Deux Départemens se trouvaient-ils dans une relation proportionnelle, quant à leur impôt, vis-à-vis des autres Départemens; mais depuis trente ans, les soies et les vins de l'Ardèche (Côtes du Rhône), la garance de Vaucluse, ont donné des produits infiniment plus élevés qu'autrefois, et en améliorant sensiblement le revenu de la terre, ont abaissé la proportion de l'impôt.

Les

Les Départemens du centre au contraire, le Tarn et Garonne, le Lot, le Cantal et la Lozère sont restés, sous le rapport de la production, au point où ils se trouvaient en 1821, et la relation de l'impôt au revenu demeure plus élevée pour eux que pour des voisins plus favorisés.

Tous ces faits qui sont connus aujourd'hui, qu'il est peut-être regrettable d'avoir connu, mais qui, après tout, n'accusent personne, et révèlent seulement la loi du mouvement de la production territoriale, peuvent-ils être laissés de coté, abandonnés et étouffés ? C'est une conséquence difficile à admettre. Si, grâce à l'action qu'il exerce sur les grands Corps de l'État, le Gouvernement peut parvenir à conjurer ou à amortir leurs réclamations, il n'en sera pas de même vis à vis des Conseils répartiteurs, ni de l'opinion publique, auxquels il sera difficile de faire entendre que, théoriquement, l'impôt foncier disparaît après quelques mutations de propriété, et qu'il n'y a rien d'inique à demander à un Département 9 p % de son revenu et à un autre 3 p %. Quelle sera l'attitude de l'Administration publique vis-à-vis des Conseils généraux qui tiennent de la loi le Droit de sous-répartition, qui l'exercent tous les jours et auxquels les agens de l'État sont tenu de fournir tous les renseignemens propres à les éclairer ? Si l'ensemble du travail n'est pas mis en lumière, il faut en cacher également les détails, il faut les refuser aux Conseils généraux, aux Conseils d'arrondissement, aux Maires qui réclament pour leurs communes, aux Préfets qui ont besoin d'apprécier la richesse de telle ou telle localité, à l'Administration de l'Enregistrement qui cherche la vérité dans les Déclarations souvent mensongères qu'elle reçoit, à tous ceux en un mot qui ont intérêt à connaître cette vérité, même partielle. Laissera-t-on les Conseils généraux poursuivre de coûteux

travaux de sous-répartition qui, dans certains Départements,
se sont élevés à 50 et à 80,000ᶠ pour tenir enfoui, dans des
archives secrètes, un travail qui a coûté au pays près de
800,000ᶠ, et qui contient cette vérité que l'opinion publique
recherche ? Interdira-t-on aux Communes le droit de réclamer,
aux agents de l'Administration celui d'instruire leurs réclamations,
aux Conseils généraux celui de les juger, pour proclamer le
principe de l'invariabilité de l'impôt ?

Pour ma part, j'ai fait effort pour me tenir en dehors
du point de vue de l'Administration et pour me placer au point de
vue plus élevé du Gouvernement qui aperçoit des dangers, là
où l'Administration ne voit que des embarras, et je ne puis me
soustraire à cette conviction profonde, qu'un travail qui a eu
tant de retentissement et sur lequel tant de regards sont fixés,
ne peut être impunément abandonné, que l'opinion publique
s'exagérerait les inégalités qu'on lui cache, et qu'il y aurait
plus d'inconvéniens, plus de périls peut-être, à le dissimuler
qu'à le produire. Je vais plus loin, et je demeure convaincu
que le Gouvernement est condamné à la nécessité de produire
le travail et de l'accompagner d'une mesure qui, sans être
radicale, témoignera de sa volonté de mettre à profit l'expérience
des faits recueillis, et de sa sympathie pour des réclamations
que le temps au lieu d'éteindre ne fait que raviver. Je vais
plus loin encore, et je crois pouvoir affirmer que, dans l'état
actuel de la répartition foncière, il serait impossible d'obtenir
de l'impôt foncier plus qu'il ne donne aujourd'hui ; on ne
voudrait d'autre preuve de cette impossibilité que la réprobation
qui a accueilli la proposition récente de rétablir les 17 ᶜ
additionnels supprimés en 1851, tandis que si cette
répartition venait à être modifiée au profit de la justice

et de la vérité, si une satisfaction même restreinte, était donnée aux réclamations de l'impôt foncier dans ce qu'elles ont de légitime et de fondé, on l'aurait mis en mesure de se prêter, sans trop d'efforts, aux éventualités de la politique et de la guerre.

C'est donc au sujet des modifications qui paraissent commandées par la situation présente et par les besoins de l'avenir, que je viens soumettre mes vues au Ministre, et l'exposé de ces vues formera la dernière partie du présent travail.

Modifications à apporter à la répartition de l'Impôt Foncier.

Avant d'exposer les modifications dont la répartition de l'impôt foncier paraît susceptible, il est un principe général qu'il convient d'examiner, c'est celui de l'invariabilité de l'impôt foncier.

Les économistes se prononcent en faveur du principe de la fixité: les uns regardent l'impôt comme une rente, rivée au sol, inhérente à la propriété, confondue avec les frais d'exploitation, et qui, après un certain nombre de mutations, devient indifférente au propriétaire; les autres, plus absolus, soutiennent que l'impôt est le prélèvement net d'une portion du capital, que c'est le premier propriétaire qui subit ce prélèvement, et que, dès que la terre a changé de main, l'impôt n'est plus payé par personne. Les uns et les autres concluent à ce que l'impôt reste immuable comme le sol sur lequel il est assis.

Poussée à l'extrême, cette doctrine ne tendrait à rien moins qu'à établir qu'il n'y a nul souci à prendre de l'assiette de l'impôt foncier, qu'on peut impunément le jeter au hasard, sans s'inquiéter du sol sur lequel il tombera, que selon qu'il se sera abattu sur tel ou tel fonds de terre, il convient de l'y fixer; qu'il en pourra bien résulter quelques dommages personnels, mais que l'avenir les corrigera, et que le temps arrangera tout. Consacrer, en principe, l'immobilité, même en matière d'impôt, c'est nier le mouvement de la vie sociale, c'est ne tenir aucun compte des faits qui modifient journellement l'économie des nations, c'est démentir les efforts patiens et laborieux faits par tous les Gouvernemens précédens pour améliorer l'impôt, c'est, en un mot, protester contre la conscience humaine dont les aspirations vers l'égalité proportionnelle se révèlent par les réclamations qui se sont fait entendre depuis soixante ans.

Le principe de l'invariabilité de l'impôt est éminemment respectable en tant que principe, mais le respect des principes ne saurait aller jusqu'au fanatisme : quand les lois, les mœurs, les habitudes ont changé, ce n'est pas violer un principe que d'y toucher après un tiers de siècle, c'est peut-être le consacrer. Il convient que les Gouvernemens proclament que l'impôt foncier est invariable ; il convient même qu'ils le disent souvent, qu'ils le disent toujours, — surtout lorsqu'ils se proposent d'y toucher —. Aussi, le Gouvernement de 1821, le même qui venait d'annoncer qu'il avait fermé l'ère des révolutions, avait raison de dire : « que le moment paraissait arrivé « de consacrer le principe de la fixité de l'impôt foncier ». — Ce langage serait plus légitime encore dans la bouche du Gouvernement actuel, après le travail d'évaluation qui vient d'être achevé, travail qui n'avait jamais été entrepris, et qui a mis en lumière, avec une grande précision, toutes les défectuosités de la situation présente.

Au surplus, et sans entrer plus avant dans une discussion purement théorique qui peut partager l'École, mais qui n'est pas tout à fait du domaine administratif, on peut dire que pour tout ce qui tient au règlement des taxes et au détail de leur administration intérieure, les Gouvernemens n'ont à prendre conseil que des faits pratiques, que de l'intérêt des peuples, que des tendances exprimées et que des circonstances politiques au milieu desquelles ils sont placés. Il ne s'agit donc pas aujourd'hui de décider en principe s'il convient que l'impôt foncier reste immuable, mais si, dans les circonstances présentes et en vue de l'avenir, il est équitable, il est opportun, il est politique _de faire quelque chose, ou de s'abstenir._

Ainsi posée, il ne semble pas que la question puisse être résolue autrement que par l'affirmative; tous les motifs d'équité, d'opportunité et de politique, se réunissent pour solliciter énergiquement une amélioration de la répartition, et il ne s'agit plus dès lors que de savoir par quel mode la répartition sera améliorée.

C'est ce que je vais examiner.

D'abord, je repousse d'une manière absolue toute pensée de péréquation. Changer la répartition pour dégrever les Départemens ou les parcelles qui rapportent le moins et charger ceux ou celles dont le produit s'est accru, c'est, en réalité, prendre aux uns pour donner aux autres, et sous une apparence trompeuse de justice faite aux choses, c'est commettre une véritable injustice envers les personnes.

Je pense donc qu'on ne peut procéder que par la voie d'un dégrèvement qui aura le caractère d'un acte de libéralité gouvernementale, et c'est d'un dégrèvement foncier que je viens parler, mais d'un dégrèvement accompagné d'une compensation.

A coté de l'impôt foncier, il existe un autre impôt, moins large dans sa base d'assiette, puisque son principal n'est que de 36 millions, tandis que le principal foncier est de 160 millions, mais dont la quotité n'est plus en rapport avec l'élément auquel il s'applique. Je veux parler de l'impôt mobilier qui a pour objet d'atteindre la fortune mobilière. Créé en 1790, au principal de 60 millions, l'impôt mobilier est successivement descendu au chiffre actuel : avec les centimes additionnels il produit près de 63 millions. Il est vrai de dire que l'impôt des portes et fenêtres et celui des patentes affectent également la fortune mobilière, mais ces deux impôts, dont l'origine remonte à la fin du dernier siècle, et qui n'ont guère varié depuis cette époque, n'ont certainement pas suivi les progrès de la richesse autre que la richesse territoriale. Et cependant, la fortune mobilière que l'impôt mobilier a pour objet d'atteindre dans le signe extérieur qu'on regarde comme le plus propre à en révéler l'étendue, c'est-à-dire dans la valeur locative de l'habitation, a pris depuis 60 ans un développement considérable. Dans les dernières années qui viennent de s'écouler, cette fortune est parvenue à un degré inouï de prospérité, et l'impôt mobilier étant celui dont la base d'assiette s'est le plus élargie il est équitable de l'appeler à concourir avec l'impôt foncier pour rétablir dans la combinaison de nos impôts l'harmonie que les circonstances et la succession des années ont successivement dérangée. L'esprit public appelle, à son insu peut-être, une taxation plus forte sur le revenu mobilier, et les aspirations qui se produisent tous les jours vers l'impôt sur le revenu, l'impôt somptuaire, l'impôt sur les rentes et sur les actions industrielles, sont des tendances non équivoques pour diriger l'impôt vers une matière imposable qui se développe chaque jour.

Si donc, il est admis que l'impôt mobilier est, de nos quatre impôts directs, celui qui se prêtera le plus équitablement à une aggravation de charges, il semble que rien ne soit plus logique que de niveler l'impôt foncier, c'est-à-dire d'en effacer les principales aspérités en dégrévant les Départemens surchargés, et de demander, à titre de compensation, le montant du dégrèvement à l'impôt mobilier proportionnellement à ses contingens départementaux.

Voici l'économie pratique de la combinaison.

On a vu que le rapport moyen de l'impôt, en principal, au revenu était de 6,06 p%, pour l'ensemble des Départemens, la Corse excepté. — 48 Départemens sont au-dessus de cette moyenne, 37 sont au dessous. — Mais le rapport moyen de 6.06 embrasse l'ensemble des propriétés bâties, et des propriétés non bâties, c'est-à-dire des fonds de terre et des maisons. Appliqué aux propriétés non bâties, c'est-à-dire aux fonds de terre proprement dits, ce rapport s'élève à 6.38. On comprend, en effet, que les maisons rapportant plus que la terre, et n'étant d'ailleurs taxées pour le sol qu'elles occupent que comme terres de première classe, l'impôt qui les frappe, soit relativement moins fort : il ne s'élève en moyenne qu'à 5.24 p% du revenu.

Relativement au chiffre de 6.38 p% applicable aux seuls fonds de terre, 38 Départemens se trouvent au dessus de cette moyenne, et 47 au dessous. Or, ramener les 38 Départemens surchargés au taux moyen de 6.38, c'est-à-dire fixer leurs contingens de manière à représenter exactement 6.38 du revenu net, tel que ce revenu a été constaté par le travail de l'évaluation territoriale, exige un sacrifice de sept millions (6,971,852), et ces sept millions, il paraît rationnel de les retrouver, en en reprenant le montant également et proportionnellement sur l'impôt mobilier des 85 Départemens, c'est-à-dire d'augmenter les contingens de cet impôt, dont le produit total est De 63 millions, d'environ un Dixième.

Tel est le système proposé : — comme application, il est d'une grande simplicité; — comme équité, il est profondément juste en ce qu'il appelle un impôt ménagé à concourir au soulagement d'un impôt qui a un besoin évident d'assistance. Ce système donne satisfaction aux réclamations de l'impôt foncier dans ce qu'elles ont de légitime, et il témoignera que si plus tard le Gouvernement est obligé de faire appel à l'impôt, il aura pris souci tout d'abord des plus chers intérêts Des Contribuables, c'est-à-dire du principe de la proportionnalité, principe qui donne à notre impôt Direct un caractère démocratique qui ne se rencontre dans aucun des autres États de l'Europe.

La mesure étant équitable en elle-même, on n'a plus qu'à se demander si elle sera politique, c'est ce dernier point qui va être examiné.

La répartition de l'impôt mobilier entre les Départemens n'est pas plus à l'abri de la critique que la répartition foncière ; elle soulève également des réclamations, moins nombreuses il est vrai, mais qui n'en sont pas moins réelles. C'est pour corriger ces imperfections que le recensement de 1841 fut entrepris. A la suite de ce travail, on eut un instant la pensée de modifier la répartition par voie de péréquation entre les Départemens, c'est-à-dire par voie de Déplacement d'impôt, mais les motifs qui s'opposent à la péréquation foncière s'opposent également à la péréquation mobilière. Le projet fut abandonné et remplacé par une combinaison ingénieuse, dont l'action lente, mais sure, tend incessamment vers la péréquation. Une loi du 4 Août 1844 décida qu'à mesure qu'une propriété bâtie serait démolie, elle sortirait du contingent pour le montant réel de sa cotisation, tandis que chaque construction nouvelle accroîtrait au contingent pour une somme fixe et uniforme du 20ᵉ de sa valeur réelle. Dans ce système, les Départemens surchargés, c'est-à-dire imposés au dessus du 20ᵉ, voient diminuer leur contingent de toute la surcharge que supportaient les maisons démolies, tandis que leurs constructions nouvelles n'y prennent place que pour un 20ᵉ, et les Départemens ménagés, c'est à-dire imposés au dessous du 20ᵉ font sortir du contingent des cotisations inférieures qu'ils remplacent par des constructions nouvelles imposées au taux uniforme de 5 p/o. Avec le temps, et lorsque toutes les maisons auront été reconstruites, le nivellement des contingens mobiliers sera un fait accompli puisque toutes les propriétés bâties se trouveront comprises aux contingens à raison d'un 20ᵉ de leur valeur locative réelle.

Par ces motifs, l'Administration a moins à se préoccuper de l'inégalité de la répartition mobilière que de l'inégalité de la répartition foncière, puisque l'une tend à diminuer et l'autre à s'aggraver avec le temps.

Si maintenant, l'on jette un coup d'œil sur la nomenclature des Départemens placés dans l'ordre de leur surcharge respective, on voit que les 38 départemens surchargés, c'est-à-dire ceux qui achèteraient un dégrèvement foncier au prix d'une charge souvent inférieure, sur l'impôt mobilier, et auxquels profiterait, par conséquent, le bénéfice du dégrèvement, sont les Départemens pauvres du Centre et du Midi, tels que Tarn et Garonne, Aude, Lot, Cantal, Lozère, Morbihan, Dordogne,

Lot et Garonne, Tarn, &c., tandis que les Départemens favorisés sous le rapport de l'impôt foncier, et qui subiraient une aggravation mobilière, sans compensation sur la Contribution foncière, appartiennent plutôt à la région de l'Est et à celle du Nord, tels que Ardèche, Vaucluse, Haut-Rhin, Bas-Rhin, Pas-de-Calais, Nord, &c. La première catégorie, celle des Départemens dégrevés, contient une population moins agglomérée, c'est-à-dire plus rurale qu'urbaine ; la seconde, au contraire, possède plus de villes et d'agglomérations urbaines : la faveur s'appliqueraient donc davantage aux populations rurales et la surcharge aux populations urbaines, c'est-à-dire à celles où la fortune est plus mobilière qu'agricole et qui sont par conséquent plus en mesure de supporter une aggravation de charges.

Il est une autre considération qui, politiquement, présente une extrême gravité, et qui est surtout de nature à appeler l'impôt mobilier à concourir dès aujourd'hui à la création des ressources que l'avenir réclame, c'est que l'impôt foncier se répartit avec une précision mathématique, et en dehors de toute intervention supérieure, tandis que l'impôt mobilier se prête à une intervention discrète, mais réelle de la pensée gouvernementale. Les Conseils généraux seront accessibles à l'action de l'autorité supérieure, et pourront être dirigés dans la voie où le Gouvernement voudra les conduire. Investis du droit discrétionnaire de répartir les contingens, ils pourront, dans la répartition de la surcharge mobilière, tenir un grand compte des inégalités foncières. Au vu des documents qu'ils auront sous les yeux et qui établiront la situation respective des Arrondissemens et des Communes, ils tendront naturellement à faire porter l'augmentation mobilière sur les points du territoire les plus favorisés sous le rapport de l'impôt foncier, ou sur ceux qui possèdent les villes les plus riches et les plus aptes à supporter cette augmentation. En un mot, il est permis de supposer que les Conseils répartiteurs seront facilement amenés à chercher à établir entre les différentes localités de leur Département, et à l'aide du jeu respectif des deux contingens foncier et mobilier, non pas une péréquation chimérique, mais la pondération de charges qu'il est dans l'esprit du Gouvernement d'appliquer.

Quant à la répartition individuelle des aggravations mobilières, il est bon de rappeler que si la répartition foncière a pour base le revenu cadastral et se répartit par une proportionnalité chiffrée, la répartition mobilière, au contraire, est faite par des répartiteurs qui, sauf pour les grandes villes, prennent souvent pour base les facultés présumées. En outre, ces répartiteurs sont investis du droit d'exempter de la Contribution mobilière ceux qui sont hors d'état de l'acquitter. On voit donc que le Gouvernement serait en mesure d'exercer une certaine action sur la répartition mobilière, et il ne faut pas désespérer d'amener les Préfets à comprendre qu'ils auront à peser, avec tact et réserve, mais avec autorité sur les Conseils répartiteurs et sur les répartiteurs eux-mêmes, pour faire attribuer l'accroissement de contingent mobilier aux localités riches, favorisées, et pour l'éloigner autant que possible des localités malheureuses ou dont l'esprit serait difficile ou dangereux. La faculté pour le Gouvernement de mettre la main dans la répartition mobilière, et d'apporter à cette opération délicate tous les ménagemens que l'habileté de l'Administration saura lui imprimer, constitue peut-être l'avantage essentiel de la combinaison qui appelle l'impôt mobilier à concourir, par voie de compensation, au dégrèvement si important de l'impôt foncier.

On ne doit pas d'ailleurs se dissimuler que l'augmentation mobilière provoquera d'assez vives réclamations; c'est le sort de toute aggravation d'impôt, et le Département de l'Ardèche, par exemple, augmenté sans compensation, sera peu sensible au dégrèvement accordé au département de Tarn et Garonne. Mais les contribuables qui sentiront le plus l'aggravation mobilière seront ceux des villes plutôt que ceux des campagnes; les premiers sont, il est vrai, plus enclins à faire entendre leurs doléances, mais ils sont aussi plus éclairés, et par suite plus accessibles à l'action que le Gouvernement exercera sur eux pour leur faire comprendre les véritables motifs de l'équitable compensation qu'il a voulu accomplir. Le Gouvernement aura d'ailleurs à faire pénétrer dans l'esprit des masses, et par tous les moyens dont il dispose, les motifs de la mesure prise par lui et l'équité de la compensation qu'il apporte; son attitude ne saurait être embarrassée lorsqu'il aura la conscience d'avoir fait une chose juste, et qu'il dira hautement que les réclamations qui se font entendre sont le prix d'un dégrèvement de sept millions accordé à l'impôt foncier. Par ces motifs, il semble que les plaintes que les Contribuables mobiliers ne manqueront pas de faire entendre ne sont pas de nature à faire hésiter le Gouvernement devant une mesure dont il aurait reconnu l'avantage et l'opportunité.

Telle est la combinaison qui paraît le mieux répondre aux besoins de la situation actuelle. Ce n'est pas une péréquation, c'est une pondération qui tend vers une plus équitable répartition de charges. Son avantage le plus marqué c'est que, sans opérer de sensibles déplacements d'impôt, l'oscillation pourra s'étendre des Départemens aux arrondissemens, des arrondissemens aux communes et des communes aux individus. Dirigée dans ce sens par le Gouvernement, exécutée avec mesure par les Conseils généraux, favorisée par l'influence des Préfets, l'opération doit s'accomplir sans secousses et sans perturbations. La plupart des organes légaux de l'opinion publique, les Conseils répartiteurs surtout, comprendront facilement le but et l'esprit de la transformation qu'on leur demande : Ceux-même qui auront à répartir une charge sans compensation, n'hésiteront pas à reconnaître qu'au prix de cette charge ils sont affranchis d'un poids bien plus considérable que, dans l'hypothèse d'une péréquation, la justice distributive aurait commandé de leur imposer.

Enfin, il est une dernière considération qui, sans être solidaire d'une modification de l'impôt foncier, se rattache directement, d'une part, à la mise en lumière du travail de l'évaluation territoriale, et d'autre part, à la création de ressources pour l'avenir. Tous les bons esprits pensent qu'il serait éminemment utile, au point de vue politique, comme au point de vue financier, d'asseoir les perceptions de l'Enregistrement sur une base fixe qui rapprocherait l'application de son tarif du mode d'assiette usité pour l'impôt direct. Aujourd'hui, l'administration de l'Enregistrement applique ses tarifs à des valeurs que les contribuables s'efforcent par tous les moyens possibles d'atténuer. Dix mille Notaires, assistés de leur clientèle, s'ingénient continuellement pour dissimuler la vérité, et sans qu'on puisse déterminer d'une manière à peu près certaine le montant du préjudice que ces dissimulations font éprouver au Trésor, ce préjudice n'est pas évalué, par les différentes autorités qui ont cherché à s'en rendre compte, à moins de 20, de 30 et de 40 millions par an. Et indépendamment du préjudice financier, cet état de choses entretient entre les populations et le fisc un antagonisme permanent qu'il doit être dans la pensée du Gouvernement de tempérer plutôt que de maintenir.

De son côté, le cadastre présente une base fixe et invariable qui n'a que l'inconvénient d'être fort au dessous de la valeur réelle de la propriété. Appliquée à la répartition de l'impôt direct, cette infériorité n'est pas un danger, attendu qu'il importe à la répartition que l'évaluation soit proportionnelle plutôt que sincère, mais avec les faits révélés par le travail de l'évaluation territoriale, avec l'aide des préposés de l'Enregistrement, fonctionnaires qui, par leurs études spéciales et par la position que la loi leur a faite se trouvent constamment en présence de toutes les transactions civiles, de toutes les questions relatives aux biens des particuliers, et qui sont toujours prêts à saisir leurs transformations pour asseoir les droits de l'État sur les titres des parties intéressées, il serait facile de déterminer, avec assez de précision, la proportion de rehaussement qui devrait être ajoutée à l'évaluation cadastrale pour la rapprocher du revenu vrai. Le travail de l'évaluation territoriale, travail qu'on pourrait revoir partiellement, à des époques déterminées, tous les dix ans par exemple, à l'imitation de ce qui se pratique pour certaines mercuriales, et qu'on pourrait combiner avec les tarifs suivis dans les Départemens par les Conseils généraux pour les répartitions annuelles de l'impôt direct, permettrait évidemment de fixer le taux de rehaussement des valeurs cadastrales, et d'adopter une base qui serait admise comme l'expression officielle de la vérité.[1] C'est

____

(1) Le revenu cadastral actuel des 85 Départemens, la Corse exceptée, est de 1,054,000,000ᶠ

Le revenu qui ressort de l'évaluation nouvelle des revenus territoriaux est de 2,645,000,000ᶠ

La proportion générale entre le revenu cadastral et le revenu vrai, déduction faite des inégalités locales, serait donc comme 2 : 5.

en vertu de cette base invariable, appliquée non seulement à chaque propriétaire, mais à chaque parcelle, que le Droit d'enregistrement serait perçu, en capitalisant le revenu d'après un taux déterminé; et dès lors, on verrait disparaître, au grand avantage de la morale et de l'esprit public, la fraude, les fausses déclarations, les conflits, l'aigreur et l'antagonisme, et les 20, 30 ou 40 millions que la fraude soustrait aujourd'hui au Trésor rentreraient intégralement dans les Caisses de l'État. Sans doute, une transformation aussi radicale qui dérangerait des habitudes reçues et compromettrait l'empire de la tradition, si puissant sur l'Administration française, souleverait de nombreuses résistances et ne pourrait être obtenue que par une volonté énergique, mais il est permis de croire que cette transformation s'opérera un jour, virtuellement, et comme toutes les choses simples, par la seule autorité du bon sens et de la vérité. Les résultats de cette modification seraient immenses au point de vue politique et financier, et l'application actuelle du travail de l'évaluation territoriale aurait au moins pour objet d'y préparer les esprits.

Résumé

Résumé.

J'ai terminé l'exposé des faits et des vues que j'avais à soumettre au Ministre, et je n'ai plus qu'à résumer les uns et les autres.

L'Impôt foncier peut être appelé prochainement à subvenir aux besoins de l'avenir;

Dans son état présent, il est bien difficile, il est peut-être impossible, de lui imposer une charge nouvelle;

Les nombreuses réclamations dont il est l'objet, portent moins sur le poids total de l'impôt que sur le vice de sa répartition;

la répartition est individuelle ou Départementale;

la répartition individuelle ne peut être corrigée que par le Cadastre, et la situation financière et politique du pays ne permet pas d'entreprendre, du moins immédiatement, le renouvellement du Cadastre;

la répartition Départementale peut être corrigée par une connaissance exacte des forces contributives du sol, et le travail de l'évaluation territoriale donne la mesure de ces forces;

Ce travail est sincère, il mérite la confiance du Gouvernement;

il révèle les plus choquantes inégalités dans la répartition; certains Départemens paient, en principal 3 p/o, d'autres 9 p/o de leur revenu net;

les Départemens maltraités sont les Départemens du Midi et du Centre, c'est-à-dire ceux qui ont été exclus des faveurs du Pouvoir, routes, canaux, chemins de fer, &c.;

les Départemens favorisés sont ceux de l'Est et du Nord qui ont été les mieux traités dans la répartition des largesses gouvernementales;

le principe de la fixité de l'impôt foncier, respectable comme principe, ne saurait prévaloir contre les considérations d'équité, de finances, d'économie publique et d'opportunité qui appellent une modification dans la répartition de cet impôt;

la péréquation qui prend aux uns pour donner aux autres est une injustice rétrospective;

le Dégrèvement est le seul mode équitable et politique de procéder; il a d'ailleurs été appliqué dix fois, depuis la création de l'impôt foncier, par les Gouvernemens antérieurs;

un Dégrèvement qui aurait pour objet de rapprocher les départemens surchargés d'une équitable moyenne, coûterait sept millions;

la situation financière ne permet pas un sacrifice de pareille somme, mais les sept millions retranchés à l'impôt foncier pourraient être demandés à l'impôt mobilier, celui de tous nos impôts directs dont la base s'est le plus élargie et que l'opinion publique considère manifestement comme celui qui doit se prêter à une aggravation de charges;

les populations dégrevées, dans l'hypothèse de cette combinaison, sont les populations rurales, et celles qui seraient chargées sont les populations urbaines;

la répartition mobilière se prête à une intervention discrète mais réelle de la pensée gouvernementale, de telle sorte qu'on pourra répartir la charge ou les ménagemens selon la richesse relative des localités;

la combinaison proposée, sans être une péréquation et sans entraîner de grands déplacemens d'impôts, est une pondération mesurée de charges, plus en harmonie avec les faits nouveaux qui se sont produits dans l'économie moderne. Enfin

Enfin, et c'est là le point capital, en donnant satisfaction aux réclamations de l'impôt foncier, cette combinaison frappe l'esprit des populations par le sentiment d'un dégrèvement considérable, et elle met l'impôt foncier en mesure de se prêter aux sacrifices qui pourraient lui être ultérieurement demandés.

Tel est l'ensemble du système que je soumets aux méditations du Ministre. Je ne me dissimule pas que c'est une chose grave que de toucher à l'impôt foncier, et qu'il est dans la nature humaine de préférer maintenir une situation, même embarrassante, plutôt que d'entreprendre d'en sortir au prix d'un effort laborieux, de récriminations probables et d'une responsabilité largement engagée. Mais c'est le propre des Gouvernements résolus et habiles de savoir regarder la vérité en face, de trancher les difficultés plutôt que de les éluder, et de ne pas décliner la responsabilité d'une solution quand cette solution est réclamée par tous les intérêts du présent et de l'avenir. La situation présente est pleine d'embarras, d'embarras que le temps doit aggraver au lieu de les éteindre, et en suppliant le Ministre de prendre un parti qui paraît commandé par la justice et par l'opportunité, j'ai la conviction de proposer un acte qui honorera l'homme d'État qui saura l'accomplir, et qui, en ajoutant à la popularité du Souverain comme à la prospérité de l'Empire, doit préparer à l'avenir les ressources que la politique pourrait un jour avoir à lui demander.

Paris, le 26 Février 1855.

Le Directeur-Général
des Contributions Directes.

Signé : Ed. Vandal.

www.ingramcontent.com/pod-product-compliance
Ingram Content Group UK Ltd.
Pitfield, Milton Keynes, MK11 3LW, UK
UKHW020054100726
13658UKWH00004B/1758